BEI GRIN MACHT SICH IHR WISSEN BEZAHLT

- Wir veröffentlichen Ihre Hausarbeit,
  Bachelor- und Masterarbeit

- Ihr eigenes eBook und Buch -
  weltweit in allen wichtigen Shops

- Verdienen Sie an jedem Verkauf

Jetzt bei www.GRIN.com hochladen und kostenlos publizieren

Bibliografische Information der Deutschen Nationalbibliothek:

Die Deutsche Bibliothek verzeichnet diese Publikation in der Deutschen National-
bibliografie; detaillierte bibliografische Daten sind im Internet über http://dnb.d-
nb.de/ abrufbar.

Impressum:

Copyright © 2018 GRIN Verlag
Druck und Bindung: Books on Demand GmbH, Norderstedt Germany
ISBN: 9783668922105

Dieses Buch bei GRIN:

https://www.grin.com/document/462822

Korawik Krieglstein

**Business Process Model and Notation. Modellierung
einer Zoo-Tieraufnahme und Methodeneinschätzung**

GRIN Verlag

BPMN-Modellierung Zoo-Tieraufnahme

Modellierung der Geschäftsprozesse Zoo-Tieraufnahme mit der
Methode BPMN und Methodeneinschätzung

Name: Korawik Krieglstein

Studiengang: Wirtschaftsinformatik und IT-Management (M.Sc.)

Inhaltsverzeichnis

Abbildungsverzeichnis

Tabellenverzeichnis

Abkürzungsverzeichnis

ABKÜRZUNG	BEDEUTUNG
BPMN	Business Process Model and Notation
EPK	Ereignisgesteuerte Prozesskette
OMG	Object Management Group
UML	Unified Modelling Language

1. Einleitung

Ziel dieses Assignments ist die Analyse einer Zoo-Tieraufnahme mit visueller Darstellung der Wertschöpfung für das Unternehmen in Form einer Prozessmodellierung nach dem „Business Process Model and Notation" in der Version 2.0. Da die einzelnen Geschäftsprozesse der externen Dienstleister, für die des Zoos nicht relevant sind, werden diese nicht erläutert und daher nicht bzw. als Blackbox[1] dargestellt.

Damit die Modellierung nachvollzogen werden kann, erfolgt zunächst die Definition einzelner Begriffe, sowie eine Erläuterung der eingesetzten Objekte. Dies beinhaltet sowohl die Beschreibung der Basiselemente, als auch ihrer Varianten. Die Umsetzung der Modellierung erfolgt durch Aufteilung in strategische und operative Prozesse. Hierbei wird der strategische bzw. übergreifende Geschäftsprozess dargestellt bevor eine Analyse der operativen Teilprozesse erfolgt.

Die einzelnen Kapitel orientieren sich hierbei schrittweise an den Abbildungen. Daher ist es empfehlenswert die Abbildungen während der jeweiligen Erläuterung als Referenz zu verwenden.

Abschließend erfolgt eine kritische Auseinandersetzung der Methode und ihrer Zweckmäßigkeit in Bezug auf das behandelte Fallbeispiel. In diesem Zusammenhang wird ebenso die Methode BPMN an sich analysiert und evaluiert.

2. Begriffsdefinitionen und theoretische Grundlagen

2.1. Begriffsdefinition

2.1.1. Geschäftsprozess

Ein Geschäftsprozess stellt eine Abfolge von Wertschöpfungsaktivitäten mit jeweils einem oder mehreren In- und Outputs dar. Diese Wertschöpfungsaktivitäten sind „[…] *die in einzelnen Wirtschaftsbereichen erbrachte wirtschaftliche Leistung*"[2]. Hierbei kann sich die Betrachtung der Prozesse sowohl auf das gesamte Unternehmen, als auch auf einzelne Abteilungen, Sparten oder Funktionsbereiche beziehen[3].

---

[1] Vgl. Kapitel 2.2.1 Pool und Lanes
[2] Vgl. Frhr. von Weizsäcker 2018, Gabler Wirtschaftslexikon - Wertschöpfung
[3] Vgl. Siepermann 2018, Gabler Wirtschaftslexikon - Geschäftsprozess

2.1.2. Business Process Model and Notation

Der Begriff „Business Process Model and Notation"[4] bezeichnet die strukturierte Darstellung und Modellierung von Geschäftsprozessen nach dem Industriestandard der Object Management Group[5]. Zur grafischen Darstellung von Geschäftsprozessen werden verschiedene Symbole und Formen mit speziell definierten Ablaufsequenzen und Entscheidungsverzweigungen verwendet. Die aktuelle Entwicklung dieses Standards liegt in der Version 2.0 vor. Grundlegende Elemente aus den Versionen 1.0/1.1 wurden durch sprachliche Komponente erweitert und optimiert[6]. Da eine Erörterung der einzelnen Änderungen den Rahmen dieses Assignments übersteigt erfolgt keine Ausführung der Neuerungen.

2.2. Theoretische Grundlagen zur Geschäftsprozessmodellierung

2.2.1. Pool und Lanes

Die Modellierung von Prozessen erfolgt innerhalb von Organisationsabgrenzenden Pools und werden als horizontal verlaufende Bahnen dargestellt. Im Zuge dessen können Pools nach Prozess-, Aktivitäts-, und Zuständigkeitsarten unterteilt werden. Diese Unterteilung wird als „Lane" bezeichnet[7].

Abbildung 1 Pool und Lane Darstellung [8]

Alle im Pool einer Organisation vorkommende Objekte werden innerhalb von Lanes abgebildet. Objekte außerhalb dieser Abgrenzungen gehören einer anderen Kollaboration bzw. Zugehörigkeit an. Diese können bspw. Kunden, Lieferanten, Dienstleiter o.ä. sein. Sofern die Prozesse innerhalb dieser Elemente nicht relevant sind, werden diese ausgeblendet. Pools dieser Art werden als Blackbox Pools bezeichnet.

---

[4] Abg. BPMN
[5] Vgl. Leymann 2018, Business Process Model and Notation
[6] Vgl. Object Management Group 2013
[7] Vgl. Abbildung 1 Pool und Lane Darstellung, Eigene Abbildung
[8] Eigene Abbildung

2.2.2. Ereignisse

Innerhalb von Pools können verschiedene Ereignisse auftreten[9]. Wichtige Vertreter stellen hierbei Start-, Zwischen- und Endereignisse dar[10]. Eine Darstellung der Ereignisse erfolgt generell mittels Kreissymbol.

| Startereignis | Startereignis (Nachrichtenempfang) | Zwischenereignis | Zwischenereignis (wartend) | Endereignis |

Abbildung 2 Übersicht verwendeter BPMN Ereignisse [11]

Alle einleitenden und terminierenden Ereignisse besitzen durchgehenden Kreise. Endereignisse besitzen im Vergleich zu Startereignisse eine stärker gedruckte Linienführung. Alle während des Prozesses vorkommenden Zwischenereignisse werden mit doppelter Linienführung dargestellt.

2.2.3. Verbinder

Eine Darstellung von Abläufen erfolgt durch Einsatz von Sequenzflüssen. Mittels sog. Verbindern werden Objekte miteinander verknüpft. Die Darstellungsweise erfolgt über einen durchgehenden Pfeil in Richtung der jeweiligen Objekte[12].

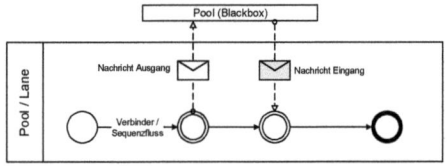

Abbildung 3 Sequenz- und Informationsflüsse [13]

Über diese Verbinder hinaus können ebenso Daten- und Nachrichtenflüsse dargestellt werden[14]. Nachrichtenflüsse verweisen auf externe Informationsflüsse und werden im Gegensatz zu Verbindern, mittels gestrichelter Pfeile abgebildet. Zur Steigerung des Informationsgehalts können Nachrichtenflüsse durch Symbole und Bezeichner erweitert werden.

---

[9] Die darin vorkommenden Ereignisse leiten sich von der Ereignisgesteuerten Prozesskette (EPK) ab. Im Gegensatz zu EPK ist der Einsatz von Ereignissen in BPMN jedoch nicht zwangsweise notwendig.
[10] Vgl. Abbildung 2 Übersicht verwendeter BPMN Ereignisse, Eigene Abbildung
[11] Eigene Abbildung
[12] Vgl. Signavio GmbH 2013, Einhalten der Modellierungsrichtung bei Nachrichtenflüssen
[13] Eigene Abbildung
[14] Kapitel 2.2.6, Daten

2.2.4. Aktivitäten

Innerhalb von Prozessen ist es notwendig Tätigkeiten/Aktivitäten durchzuführen. Sie werden als Rechtecke dargestellt und lassen sich in Aufgaben, Transaktionen, Ereignisteilprozesse und Aufrufaktivitäten unterteilen[15].

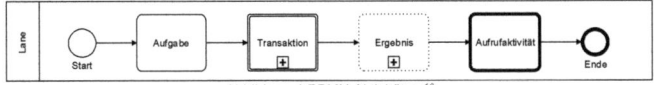
Abbildung 4 BPMN Aktivitäten [16]

Aufgaben, die Teil eines Unterprozesses sind werden mittels [+] Symbol dargestellt. Diese „Teilprozesse" werden gesondert definiert und erläutert.

2.2.5. Gateways

Ebenso ist es während eines Sequenzflusses notwendig Entscheidungen zu treffen. Hierzu bilden Gateways, Verzweigungen ab, die den Ablauf einer Sequenz beeinflussen. Sie werden mittels Rauten-Formen dargestellt und können diese entsprechend ihrer Darstellungsweise aufspalten oder zusammenführen[17].

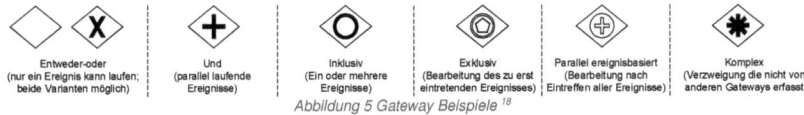
Abbildung 5 Gateway Beispiele [18]

Zur besseren Übersichtlichkeit werden ein- und ausgehende Verbinder an den Ecken der Rauten platziert [19]. Je nach Validierungsbedingung können ein oder mehrere Sequenzflüsse gleichzeitig umgesetzt werden.

2.2.6. Daten

Daten sind Informationsquellen, die innerhalb eines Geschäftsprozesses verwendet werden. Es wird zwischen Daten, Listen, Dateninput/-output, sowie Datenspeicher unterschieden. Letzteres wird im Zusammenhang mit Datenbanken angewandt.

Abbildung 6 Datentyp Beispiele [20]

---

[15] Vgl. Abbildung 4 BPMN Aktivitäten, Eigene Abbildung
[16] Eigene Abbildung
[17] Vgl. GBTEC Software + Consulting 2017, Prozessmodellierung BPMN 2.0
[18] Eigene Abbildung
[19] Vgl. Freund und Rücker, Praxishandbuch BPMN 2017, Seiten 34-46
[20] Eigene Abbildung

Je nach Richtung des Informationsflusses erhalten die dafür zuständigen Verbinder Pfeile mit gepunkteten Linien. Dies symbolisiert die Zugehörigkeit des Objektes und des Datenelementes.

3. Geschäftsprozessmodellierung: Tieraufnahme im Zoo

3.1. Eingesetzte Software

Zur Darstellung der Geschäftsprozesse empfiehlt sich die Software „Visio 2016" des Herstellers Microsoft. Aufgrund der integrierten BPMN Unterstützung eignet sich diese ideal zur Modellierung und Realisierung. Ein gleichmäßiger und symmetrischer Aufbau wird dank Positionierungshilfe gewährleistet. Ebenso werden die zu verwendenden Objekte auf Ihre zulässige Platzierung überprüft.

3.2. Strategische Prozessmodellierung

Das strategische Prozessmodell nach dem Camunda Framework sieht eine übergreifende BPMN Modellierung aus Sicht des Managements vor[21]. Hierbei werden technische und operative Prozesse zum Zwecke der Übersichtlichkeit allgemein gehalten.

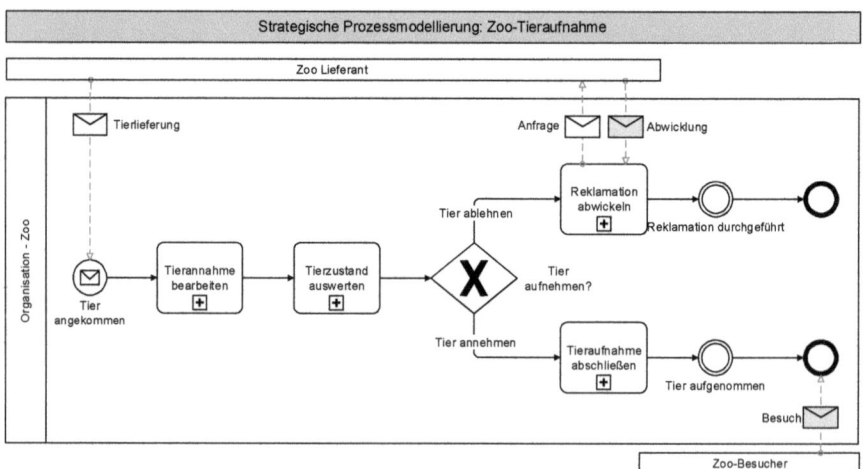

Abbildung 7 Strategische Prozessmodellierung Zoo-Tieraufnahme [22]

---

[21] Vgl. Freund und Rücker, Praxishandbuch BPMN 2017, Seite 21 ff
[22] Eigene Abbildung

Verschiedene Aktivitäten des strategischen Prozessmodells werden als Teilprozess modelliert und gesondert abgebildet. Darüber hinaus wird die Umsetzung anhand der für Geschäftsprozesse durchgeführt [23]. Diese berücksichtigen sowohl die BPMN 2.0 Richtlinien für die Notation einzelner Objekte, als auch den Aufbau des Layouts und der allgemeinen Strukturierung der Prozesse.

Der übergreifende Geschäftsprozess zur Tieraufnahme beginnt mit dem Auslösen des Startereignisses durch dessen Anlieferung [24]. Der zum Startereignis gerichteter Nachrichtenfluss spezifiziert sowohl die Herkunft durch den Pfeil selbst, als auch die Art des Auslösers durch das beigefügte Briefsymbol. Nach Ankunft des Tieres werden zunächst die organisatorischen Maßnahmen durchgeführt und die Aufnahme-bedingungen überprüft. Die daraus resultierenden Ergebnisse beeinflussen den weiteren Sequenzverlauf.

Das XOR-Gateways „Tier aufnehmen?" bildet eine Verzweigung mit einen von zwei zulässig Sequenzabläufen. Erfolgt anhand der vorangegangenen Teilprozesse eine Freigabe zur Aufnahme des Tieres, so folgt der Sequenzablauf die untere Verzweigung des XOR-Gateways mit der Bezeichnung „Tier annehmen". Weitere organisatorische Maßnahmen innerhalb des Teilprozesses „Tieraufnahme abschließen" sorgen

---

23 Vgl. Signavio GmbH 2018, BPMN Modeling Guidelines - Einhalten einer maximalen Anzhl aufgeklappter Pools
24 Vgl.

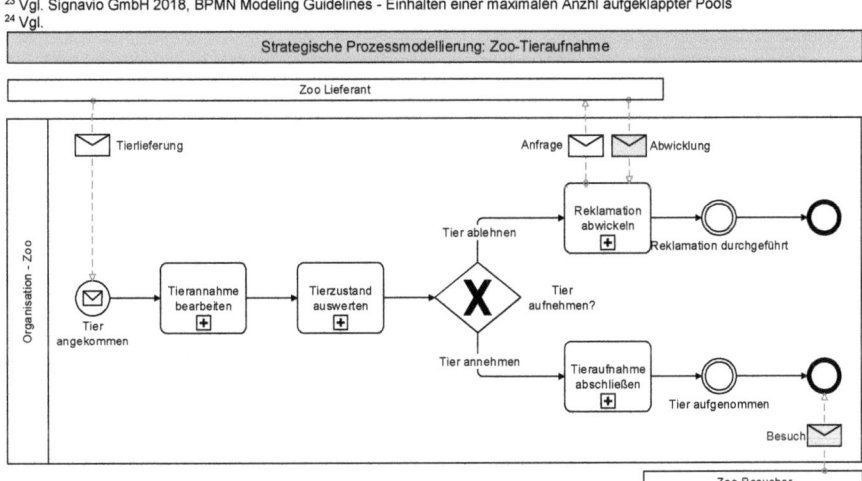

Abbildung 7 Strategische Prozessmodellierung Zoo-Tieraufnahme, Eigene Abbildung

vorbereitend für die Unterstützung weiterer Geschäftsprozesse. Die Aufnahme und somit auch der betrachtete Geschäftsprozess werden hierdurch abgeschlossen. Ebenso können Zoo-Besucher das neu aufgenommene Tier besichtigen. Der Zoo erhält durch die Aufnahme und Vermarktung des Tieres kontinuierlich Einnahmen und ebenso eine Wertsteigerung im Sinne der Wertschöpfung[25].

Ein negatives Ergebnis bei der Überprüfung der Annahmeanforderung führt zur Reklamation des Tieres. Das XOR-Gateway „Tier aufnehmen?" folgt somit der Verzweigung „Tier ablehnen". Neben der Abwicklung der Reklamation findet ein Austausch an Informationen zwischen dem Zoo und dem Lieferanten statt. Gekennzeichnet wird dies mit den Nachrichten „Anfrage" und „Abwicklung". Nach der Umsetzung wird der Status als durchgeführt markiert und beendet den Geschäftsprozess.

3.3. Operative Prozessmodellierung

3.3.1. Teilprozess: Tieraufnahme bearbeiten

Unabhängig vom Ergebnis des Geschäftsprozesses ist die Modellierung der einzelnen Teilprozesse und somit die Vorgehensweise für die operative Umsetzung[26] wichtig. Wie anhand des vorangegangenen Kapitels wurde die organisatorische Aufnahme nach Ankunft eines Tieres angeschnitten, jedoch nicht weiter erörtert.

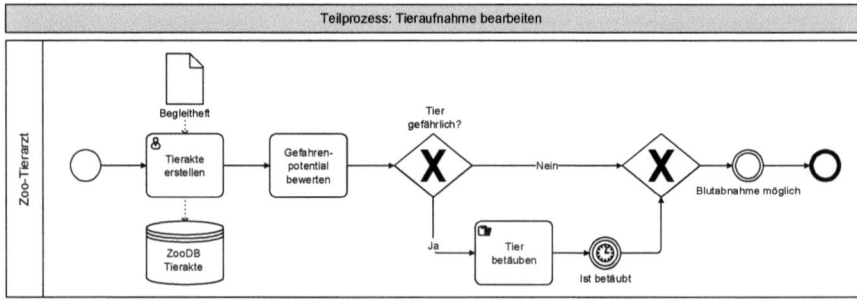

Abbildung 8 Teilprozess: Tieraufnahme bearbeiten [27]

Die Zuständigkeit der im Folgenden durchzuführenden Tätigkeiten, liegt im Aufgabenbereich des Zoo-Tierarztes. Ausgehend vom Start-Ereignis erfolgt die

---

[25] Vgl. Siepermann 2018, Gabler Wirtschaftslexikon - Geschäftsprozess
[26] Vgl. Freund und Rücker 2017, Praxihandbuch BPMN, Seiten 21 ff.
[27] Eigene Abbildung

Benutzer-Aktivität „Tierakte erstellen" unter Verwendung eines IT-gestützten Systems. Dieser Aktivität gehören noch zwei Daten-Elemente mit Assoziationen und Richtungszuweisung an. Das Daten-Element Begleitheft stellt ein Dokument mit relevanten Informationen des Tieres zum Zeitpunkt der Lieferung dar, während die Assoziation in Richtung der Aktivität auf dessen Verwendung hinweist. Zur Durchführung der Benutzeraktivität werden Informationen in das Daten-Element „ZooDB Tierakte" bzw. in die Datenbank geschrieben. Ebenso weist die Assoziation auf die Flussrichtung der Informationen hin.

Nach Verarbeitung aller relevanten Informationen, muss das Gefahrenpotential des Tieres abgeschätzt werden. Sofern kein Gefahrenpotential vorhanden ist setzt der Prozessfluss mit der Blutentnahme fort, ansonsten ist eine vorherige Betäubung notwendig. Dargestellt wird dies anhand der Entscheidungsverzweigung des XOR Gateways zur Aktivität „Tier betäuben". Da das Betäuben des Tieres ohne die Verwendung eines IT-Systems erfolgt, wird die Aktivität als manuell ausgewiesen. Nach der Durchführung vereint das zusammenführende XOR-Gateway die möglichen Flussverläufe zu einem Sequenzverlauf und schließt den Teilprozess ab.

3.3.2. Teilprozess: Tierzustand auswerten

Der Teilprozess „Tier-Zustand auswerten" evaluiert den Gesundheitszustand des Tieres. Aufgrund der Komplexität und der verschiedenen Zuständigkeitsbereiche innerhalb der Organisation, erfolgt eine gesonderte Betrachtung des Prozesses.

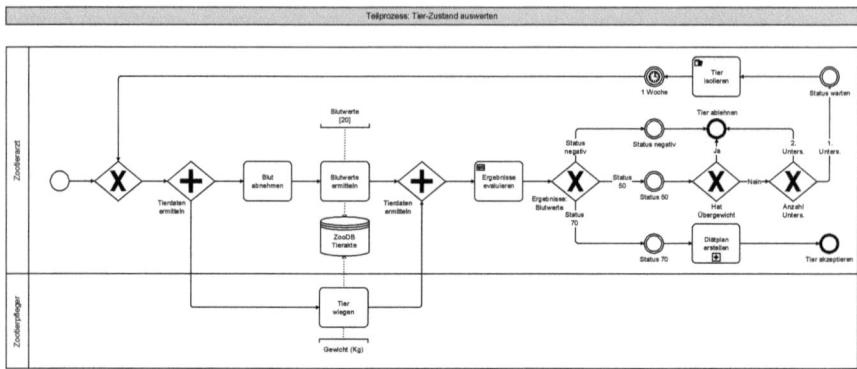

Abbildung 9 Teilprozess: Tierzustand auswerten [28]

Die Evaluierung knüpft an das Startereignis des übergeordneten Prozesses „Tieraufnahme bearbeiten" an. Zunächst erfolgt ein vereinendes Gateway, das für die Wiederholbarkeit des Prozesses notwendig ist. Anschließend wird sowohl die Messung des Gewichts, sowie die Abnahme des Blutes parallel, in Form von Aktivitäten durchgeführt. Das hierfür verzweigende Gateway trennt den eingehenden Sequenzfluss auf und führt beide aus. Demnach führt der Zoo-Tierarzt die aufeinanderfolgenden Aktivitäten „Blut abnehmen" und „Blutwerte ermitteln" aus, während der Zootierpfleger das Tier wiegt. Die Ergebnisse werden in die Datenbank eingelesen und mittels angehängter Textanmerkung näher spezifiziert. Ein auf die Beendigung beider Sequenzen wartendes Gateway verbindet diese erneut zu einem einzigen.

Die Auswertung der Messergebnisse erfolgt, aufgrund der Komplexität, in der Aktivität „Ergebnisse evaluieren" mit inkludierter Geschäftsregel.

Blutwerte (in %)	Gewicht	Anzahl der Untersuchungen	Status
>= 70%	Normalgewicht	1.	Status 70
>= 70%	Übergewicht	1.	Status 70
>= 50% & < 70%	Normalgewicht	1.	Status 50
>= 50% & < 70%	Übergewicht	1.	Status negativ
>= 50% & < 70%	Übergewicht	2.	Status negativ
< 50%	Normalgewicht	1.	Status negativ
< 50%	Übergewicht	1.	Status negativ

Tabelle 1 Geschäftsregeln Ergebnisse evaluieren

Die abgebildete Tabelle besagt die drei möglichen Status Werte „Status 70", „Status 50" und „Status negativ". Liegt eine Feststellung des „Status negativ" vor, erfolgt die sofortige Beendigung des Teilprozesses durch das Endereignis „Tier ablehnen". Wird der „Status

---

[28] Eigene Abbildung

50" erreicht, so erfolgen verschiedene Gateways mit Gegenprüfung des Gewichts und der Anzahl der bereits durchgeführten Untersuchungen des Tieres. Negative Gewichtswerte, sowie der zweite Untersuchungsdurchgang führen ebenfalls zu einer sofortigen Ablehnung. Sind lediglich auffällige Blutwerte vorhanden, wird das Tier in den Status „warten" gesetzt und anschließend isoliert. Die hierfür zuständige Aktivität „Tier isolieren" wird als manuelle Tätigkeit vermerkt, da keine Interaktion mit elektronischen Systemen vorhanden ist. Hierbei wird dem nachfolgenden Ereignis die Durchführung der Aktivität signalisiert. Nach Einhaltung der 1-wöchigen Wartezeit – dargestellt durch das Warte-Ereignis - führt der Sequenzfluss zurück zum Gateway des Prozessbeginns und bildet somit eine Schleife. Bei Feststellung von Blutwerten mit mindestens 70% der erfolgt eine Überprüfung des Gewichtes bevor eine Aufnahme abgeschlossen wird. Dies wird gesondert betrachtet.

3.3.3. Teilprozess: Tier aufnehmen

Der Teilprozess „Tier aufnehmen" fokussiert die organisatorischen Schritte nach Erfüllung der Mindestanforderungen für eine Tieraufnahme. Die beteiligten Zuständigkeitsbereiche sind hierbei der Tierarzt und der Diätassistent.

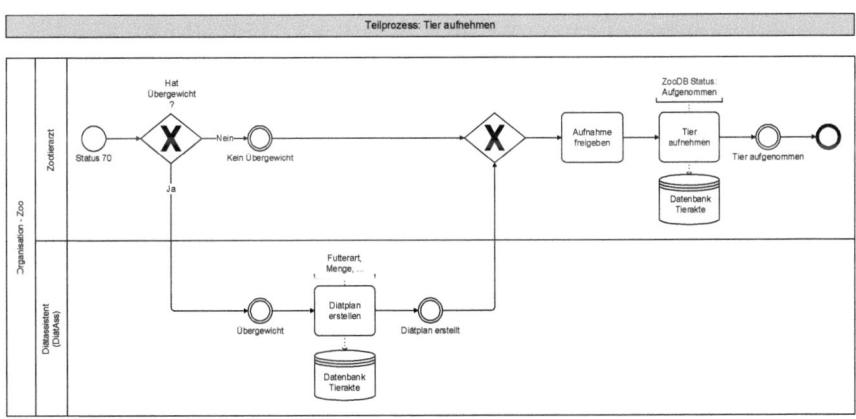

Abbildung 10 Teilprozess Tier aufnehmen [29]

Der Prozess der Tieraufnahme wird durch das Startereignis „Status 70" eingeleitet. Sofern kein Übergewicht vorliegt, wird das Gateway verneint und löst das Zwischenereignis „Kein Übergewicht" aus, andernfalls wechselt die Sequenz zum

---

[29] Eigene Abbildung

Zwischenereignis „Übergewicht" mit der Aktivität „Diätplan erstellen". Diese Erstellung wird in der Datenbank protokolliert. Eine Referenz stellt die beigefügte Textanmerkung dar. Sind beide parallel ablaufenden Sequenzen beendet, wird die Aufnahme freigegeben und durchgeführt. Die Dokumentierung erfolgt in der Datenbank. Das End-Ereignis bildet den Abschluss der Aufnahme.

3.3.4. Teilprozess: Reklamation abwickeln

Wie bereits in Kapitel 3.3.2 definiert, werden Zoo-Tiere bei nicht-Erreichen des Status 70 ebenfalls abgewiesen und reklamiert. Dieser Teilprozess sieht daher eine Interaktion mit dem externen Lieferanten und einem Transportunternehmen vor. Innerhalb des Zoos, ist das Management, der Tierarzt und die interne Logistik am Prozess beteiligt.

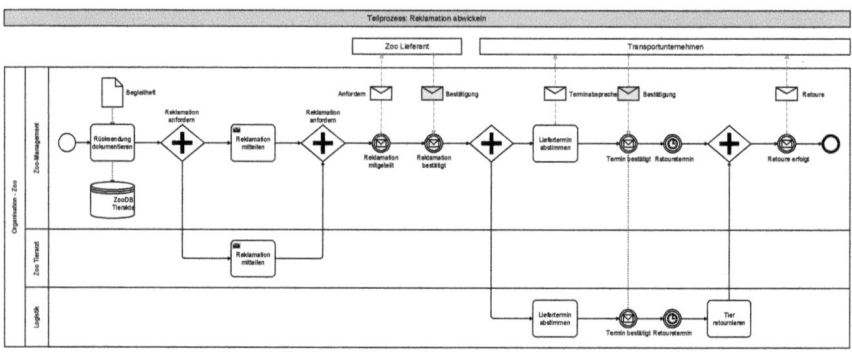

Abbildung 11 Teilprozess Reklamation abwickeln [30]

Zunächst werden für die Rücksendung, Informationen des Begleitheftes in die Datenbank übertragen. Es erfolgt eine parallel ausgeführte Aktivität zur Nachrichtenkommunikation. Da hierbei eine Überkreuzung der einzelnen Sequenzen vermieden werden soll, werden die Aktivitäten mit Nachrichtensymbolen versehen. Der Nachrichtenfluss erfolgt nach Zusammenführung der beiden Sequenzen, da sowohl Management, als auch Tierarzt, die Nachricht versenden. Die Sequenz verbleibt in diesem Status bis eine Reklamationsbestätigung seitens Lieferant erfolgt. Dies wird als eingehender Nachrichtenfluss dargestellt. Eine Ablehnung oder Rückfrage wird nicht betrachtet.

Bevor eine Rücksendung erfolgen kann muss der Liefertermin zunächst intern, anschließend extern abgestimmt werden. Hierzu erfolgt in erster Instanz die Abstimmung

---

[30] Eigene Abbildung

durch eine Aktivität mit Nachrichtenfluss zum Logistikunternehmen. Wird diese bestätigt setzt das wartende Ereignis den Sequenzfluss bis zur Rücksendung des Tieres aus und beendet den betrachteten Geschäftsprozess zur Tieraufnahme.

4. Bewertung der Modellierungs-Methode

Ziel von BPMN ist die Optimierung und Ergänzung allgemeiner, sowie IT orientierter Prozesse. Sowohl operativ, als auch strategisch orientiertes Personal, soll in der Lage sein die Dokumentationsweise und die Durchführungsanweisungen zu verstehen und umzusetzen. Dies stellt aufgrund der detaillierten Darstellung von technischen Prozessen, eine Vereinigung beider Interessensgruppen dar. Durch die Bereitstellung verschiedener Richtlinien in der Version 2.0, ist eine eindeutige Zuweisung von Aufgabenbereichen möglich. Hierdurch können Mitarbeiter Gesamtprozesse und Abläufe des Unternehmens einsehen und durch die gewonnene Transparenz entsprechend handeln. Ebenso ist es durch Bildung einer Gesamtübersicht möglich, einzelne oder parallellaufende Aktivitäten nachzuvollziehen. Unnötige, obsolete und mehrfach durchgeführte Aktivitäten können so vermieden werden. Ist eine Umsetzung zu aufwendig oder entspricht der Prozess nicht den Anforderungen, können ebenso Anpassungen zur Optimierung und Automatisierung vorgenommen werden. BPMN legt hierfür definierte Richtlinien zur Anwendung und Umsetzung fest, wie einzelne Objekte korrekt anzuordnen und welche Anordnungen zu unterlassen sind.

Trotz der allgemeinen Möglichkeit zur Optimierung und Automatisierung von Prozesse, ist der Einsatz dieser Modellierungsmethode beim vorliegenden Fallbeispiel nicht vollkommen ausgereizt. Aufgrund der verstärkt manuell durchzuführenden Aktivitäten kommt es zu einer vergleichsweise geringen Verwendung IT gestützter Systeme als bei anderen Unternehmen. Somit kann das Potential und der Umfang den BPMN bietet nicht ausgeschöpft werden. Dennoch bietet diese Modellierungsmethode die Möglichkeit zur Strukturierung und Darstellung der einzelnen Prozessabläufe und der Interaktionen mit verschiedenen Kollaborationen.

Allgemein ist der Einsatz von BPMN stark abhängig von dem Unternehmen in der diese eingesetzt werden soll. Verschiedene Faktoren, wie der Ist- und Soll-Zustand des Unternehmens, sowie dessen Anforderungen sind somit ausschlaggebende Punkte für die effektive Nutzbarkeit dieser Methode.

5. Zusammenfassung und Fazit

Ziel dieses Assignments war die Analyse einer Tieraufnahme im Unternehmen Zoo mit Darstellung der Wertschöpfung für das Unternehmen in Form einer BPMN Prozessmodellierung. Einleitend wurden zum allgemeinen Verständnis, verschiedene Grundbegriffe und Objekte erläutert. Die Modellierung erfolgte durch Realisierung von Geschäftsprozessen aus operativ und strategisch orientierter Sichtweise. Diese Aufteilung wurde zur besseren Darstellung und Vereinfachung komplexer Sachverhältnisse vorgenommen, da eine zu stark verzweigte und komplexe Ansicht die Verständlichkeit, der BPMN zugrunde liegt beeinträchtigen würde. Hierbei wurden die Modellierungskonventionen nach Signavio und Camunda berücksichtigt[31].

Da bei diesem Fallbeispiel eine geringe Interaktion mit IT Komponenten vorlag, bestand der Fokus auf die Darstellung der Prozessabläufe. Auf Basis dessen bestand die Schwierigkeit der Modellierung in der Anordnung und Aufteilung der Prozesse. Aufgrund der Limitierungen und gegebenen Anforderungen war eine detailliertere Beschreibung nicht möglich. Durch die Bereitstellung von Time and Material Kontingenten wäre ist jedoch möglich, eine Vertiefung des Prozesses zu ermöglichen. Darüber hinaus wäre ebenso eine umfangreichere Darstellung der Modellierung mit Berücksichtigung von Zwischenfällen, Rücksprüngen und Abbruchbedingungen möglich. BPMN bietet die Möglichkeit alle Prozesse innerhalb eines Unternehmens gezielt zu betrachten, zu steuern und bei Notwendigkeit umzustrukturieren. Eine Implementierung weiterer Modellierungstechniken würde den Nutzen und den Funktionsumfang von BPMN erheblich steigern.

---

[31] Vgl. Signavio GmbH 2018, BPMN Modeling Guidelines - Einhalten einer maximalen Anzhl aufgeklappter Pools

Literaturverzeichnis

Freund, Jakob, und Bernd Rücker. *Praxishandbuch BPMN*. Berlin: Carl Hanser Verlag München, 2017.

Object Management Group. „OMG." *Object Management Group*. 12 2013.
https://www.omg.org/spec/BPMN/2.0.2/PDF (Zugriff am 12. 08 2018).

Signavio GmbH. Modellierungskonventionshandbuch: Signavio GmbH, 01.07.2014

Internet-Quellenverzeichnis

Freund, Jakob, und Bernd Rücker. *Praxishandbuch BPMN*. Berlin: Carl Hanser Verlag München, 2017.

Frhr. von Weizsäcker, Robert K. *Gabler Wirtschaftslexikon - Wertschöpfung*. 19. 02 2018.
https://wirtschaftslexikon.gabler.de/definition/wertschoepfung-50306/version-273526 (Zugriff am 23. 08 2018).

GBTEC Software + Consulting. „Prozessmodellierung BPMN 2.0." *GBTEC*. 19. 04 2017.
https://www.gbtec.de/template/elemente/310/BPMN_2.0_Konventionen.pdf (Zugriff am 2018. 07 01).

Leymann, Frank. *Business Process Model and Notation*. 19. 02 2018.
https://wirtschaftslexikon.gabler.de/definition/business-process-model-and-notation-bpmn-52689/version-275807 (Zugriff am 01. 07 2018).

Object Management Group. „OMG." *Object Management Group*. 12 2013.
https://www.omg.org/spec/BPMN/2.0.2/PDF (Zugriff am 12. 08 2018).

Siepermann, Markus. *Gabler Wirtschaftslexikon - Geschäftsprozess*. 19. 02 2018.
https://wirtschaftslexikon.gabler.de/definition/geschaeftsprozess-35399/version-258881 (Zugriff am 20. 07 2018).

Signavio GmbH. *BPMN Modeling Guidelines - Einhalten einer maximalen Anzhl aufgeklappter Pools*. 20. 07 2018.
https://www.modeling-guidelines.org/de/ (Zugriff am 20. 07 2018).

—. *BPMN Modeling Guidelines*. 3. 4 2013. https://www.modeling-guidelines.org/de/guidelines/einhaltung-der-modellierungsrichtung-bei-nachrichtenflussen/ (Zugriff am 12. 08 2018).

Anhang 1: Strategische Prozessmodellierung Zoo-Tieraufnahme

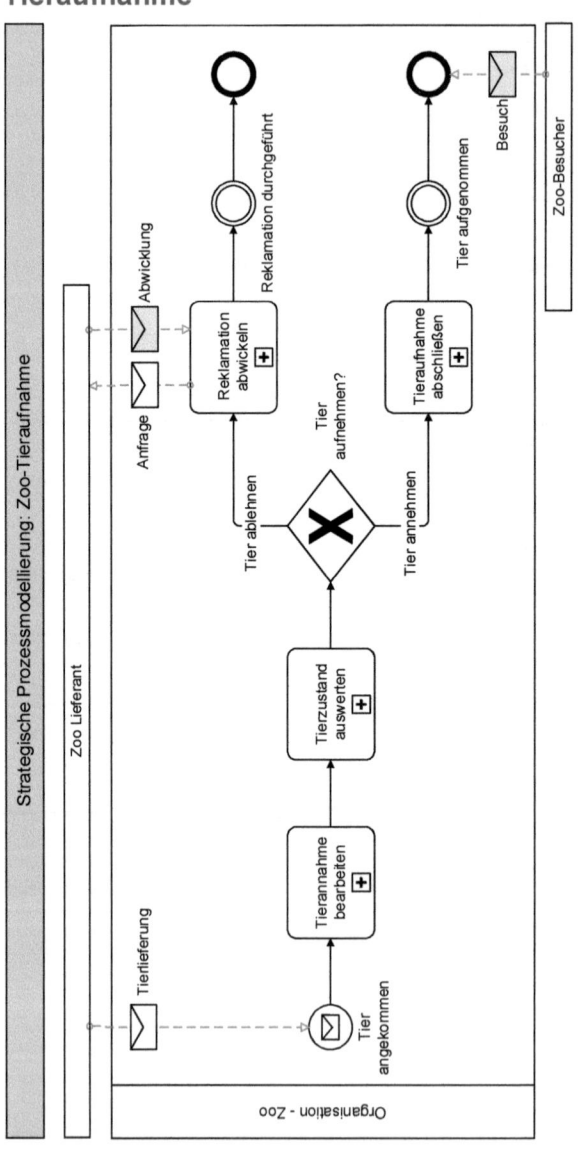

Anhang 2: Teilprozess Tierannahme bearbeiten

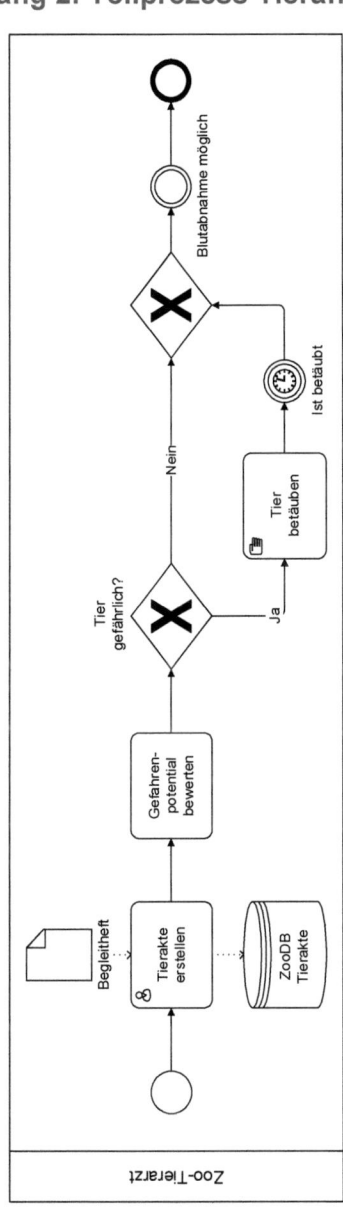

Anhang 3: Teilprozess Tierzustand auswerten

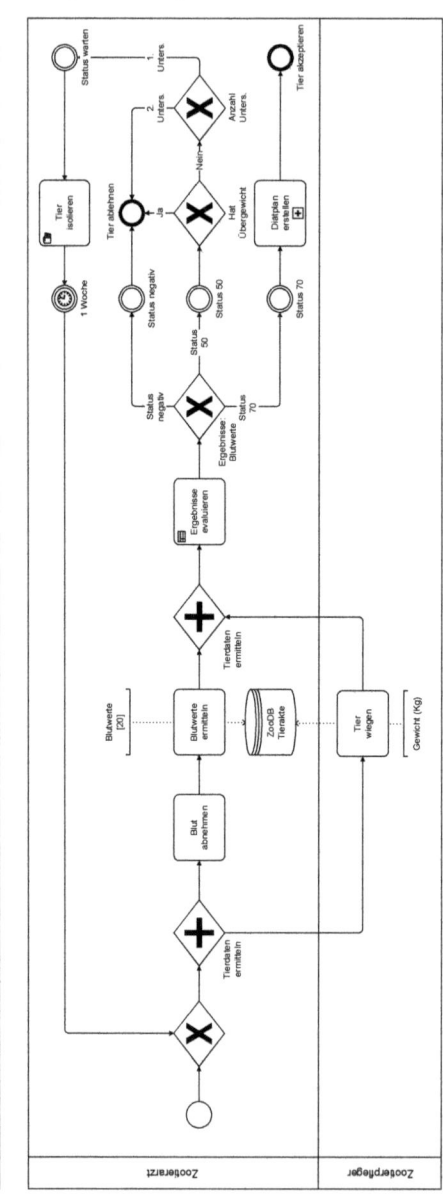

Anhang 4: Teilprozess Reklamation abwickeln

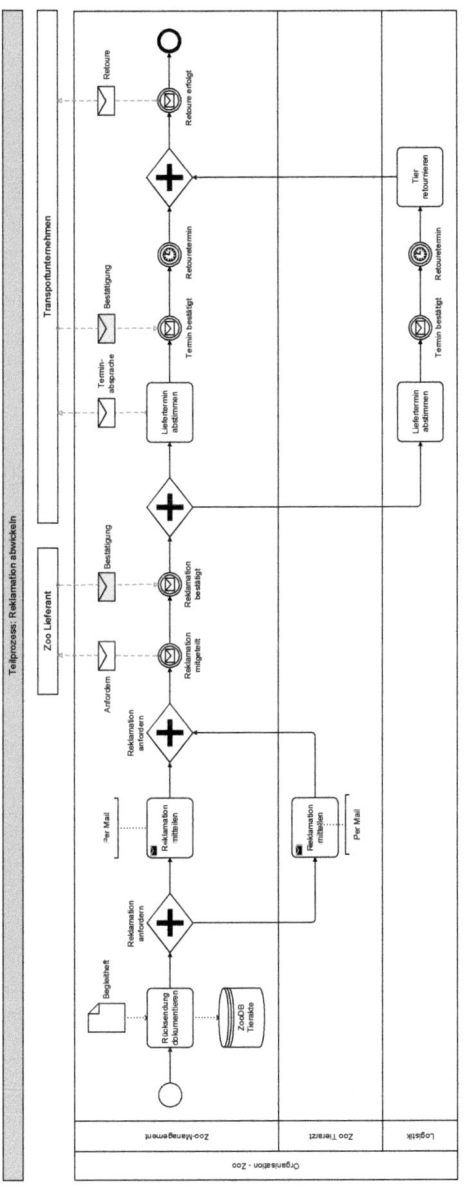

Anhang 5: Teilprozess Tieraufnehmen

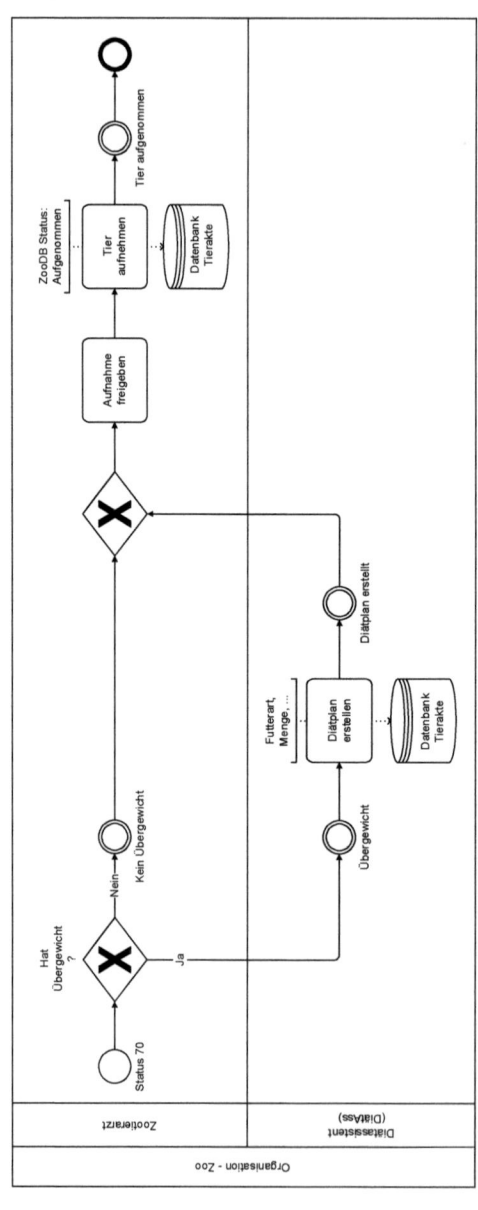